Gisela K. Wolf

# Noch schläft der Igel unterm Reisighaufen

# Inhalt

# Vorwort
von Peter Rudolf

Das klassische Haiku konnotiert mit den vier Jahreszeiten. Gisela K. Wolf kennt diese ursprünglich japanische Lyrikgattung seit vielen Jahren und führt im vorliegenden Gedichtband von Frühlingsanfang durch Sommer und Herbst in den Winter und, fast unbemerkt, in die zwei Tage von Silvester und Neujahr.

Die Autorin bleibt in den dreizeiligen Texten der Natur und ihrer Beobachtung treu. Mit dieser Publikation lädt sie den Leser und die Leserin ein, mitzugehen auf einen Spaziergang in Riehen, ihrem Wohnort bei Basel, oder auf eine Wanderung dem Rhein entlang.

Eingeteilt in vier Kapitel, entsprechend den vier Jahreszeiten, setzt der vorliegende Band eine Tradition im deutschsprachigen Kulturraum fort. Eine bedeutende Begründerin dieser Tradition war die Schweizer Schriftstellerin *Flandrina von Salis* mit ihrem 1955 erschienen Gedichtband „Mohnblüten – Abendländische Haiku“.

Gisela K. Wolf ist nicht nur Autorin, sondern auch Malerin. Sie hat es sich nicht nehmen lassen, eigene Tusch-Skizzen anzufertigen. So entstanden einfach wirkende, die Haiku bereichernde Zeichnungen in fernöstlicher Manier. Nehmen wir die Einladung an, begleiten wir die Autorin und Malerin auf ihren Wegen in der Natur.

---

*Peter Rudolf, Jahrgang 1960. Schreibt Gedichte seit 1985, Haiku seit 1995. Mitglied der "Deutschen Haiku-Gesellschaft" seit 2015, im Vorstand seit 2017.*

# 春 Frühling

Nachbars Katze Mozart
lauscht am Fenster
kleine Nachtmusik

Frühlingsregen
Forsythien werfen ihr Gelb
in grünendes Gras

Noch schläft der Igel
unterm Reisighaufen
ein Käuzchen ruft

Am frühen Morgen
entlang dem Fluss Jogger
Hundegebell

Blühende Linden
hinter ihnen pflügt ein Lastkahn
den Rhein

Klappern vom Kirchturm
die Störche sind zurück
schon Eier im Nest

Kater Chopin
schleicht zur Kätzin Mimi
die Vögel schweigen

Im Morgengrauen
am Flussufer unverhofft
ein scheues Reh

Weidenkätzchen
im Blattgrün vor dem Haus
fern das 5-Uhr Tram

Grünende Weiden
entlang dem Bach beim Weiler
spielende Katzen

Falter und Bienen
in Kirsch- und Apfelblüten
der Dorfbach plätschert

# 夏 Sommer

Lavendelfeld
Blumenduft in der Wüste
Grenzen wegträumen

Ländliche Stille
Kühe rupfen den Morgen
aus dem Gras

In praller Sonne
nur ein kleiner Schatten
Platz für mein Hündchen

Träge Stille
nach dem Sommergewitter
Pilze suchen im Wald

Seerosen Sommer
Amselgesang am Abend
das Kind schläft und träumt

Sommerfarben
auf der Palette gemischt
unvergänglich

Spiegelbild am See
Bäume im silbernen Blau
die Fische springen

Abwasserkanal
Schaumflecken wie Blüten
schwirrende Vögel

In der Mittagsglut
unbewegte Zeit der Ruhe
ein Rufen vom Fluss

In der Sommernacht
lautes Quaken der Frösche
sie schwimmen im Brunnen

Grillengezirpe
am letzten Ferienabend
Duft des Jasmins

Die Schwalben fliegen
unters Dach zum Nestbau
Glück im Haus, heißt es

Am Bahnübergang
blüht Unkraut wie Luxus
ein Teegarten

# 秋 Herbst

Am Himmel tanzend
ein Drachen und viele Vögel
ohne Halteschnur

Milder Herbstabend
in den Bäumen gelbes Laub
kreisender Bussard

Auf dem Moorpfad
sammelt Oma Binsen
für den kleinen Korb

Dauerregen
Schnecken laben sich im Grün
erstes Frösteln

Das große Schweigen
nur beim Klostergebäude
zwitschern die Vögel

Abendschatten
scharlachroter Herbst
die Sonne versinkt

Nachlese im Herbst
noch einzelne Trauben und
Laub für den Türkranz

Auf nächtlicher Fahrt
begleitet vom Herbstmond
kreuzt ein Wild den Weg

Herbst-Barockkonzert
im Münsterhof am Rhein
eine Fähre legt an

Über dem Kirchturm
wechselt eine Starenwolke
ihr Ziel

Entlang dem Moorweg
bewegen sich die Binsen
ein Quaken der Frösche

Spatzenkinder
auf den Grabsteinen im Hof
ein lautes Beten

Vogelscheuche im Korn
Geflatter und Geschnatter
der Kampf ums Futter

Regennacht, Heugeruch
scharrende Pferde, Wiehern
die Katze im Arm

Das rote Rund und
das Grüngelb in den Bäumen
Erntezeit

Herbststürme ums Haus
Chrysanthemen auf den Gräbern
Igel suchen nach Laub

Zwischen Farbtuben
eine weiße Rose
ihr Duft noch im Raum

# 冬 Winter

Winter meldet sich
silberner Frost auf dem Laub
kalte Hundepfoten

Dichter Schneefall
im Haus Cembaloklänge
der Hund schnarcht im Korb

Rascheln im Falllaub
eine Maus huscht dem Winter
entgegen

Bissiger Nordwind
am Fenster Eisgardinen
die Katze im Puppenbett

Draußen Sturm und Schnee
im Zimmer das Blumenbild
ein Duft von Flieder

Heftiger Schneefall
alter Hund zögert im Schritt
seine Spuren im Schnee

Über Nacht Neuschnee
weiße Bäume und Wiesen
lautes Rabengekrächze

Bauerngarten
alle Farben unterm Schnee
bizarre Sträucher

Von der Schneelast
gebrochen die Zweige
leuchtend rote Beeren

Am Ferienhaus
Fensterläden geschlossen
fern das Blau der Berge

Die Wintersonne
liegt bleich über dem Wäscheseil
verlassene Stühle

Warten aufs Christkind
vier Generationen
es schneit ums Haus

Wolkengebirge
öffnen sich fürs Neujahrslicht
ein neuer Abend

Am Neujahrsmorgen
Kaffeeduft und Kuchenbrot
ein Schneemann schaut herein

# Gisela K. Wolf
Autorin und Künstlerin

Gisela K. Wolf, geboren 1936 als Auslandschweizerin in Deutschland, heute als Autorin und bildende Künstlerin wohnhaft in Riehen.
Studium der "Kommunikation/Publizistik" an der Universität Zürich. Kunststudien in Paris, Zürich und Basel.
Während Jahren in Zürich und Basel als Journalistin/Redaktorin tätig bei Printmedien, im TV und in Dienstleistungsbetrieben.
1999-2011 Verlegerin des Verlages "Offene Szene Literatur – OSL", Basel/Riehen.
Veröffentlichungen: Roman, Erzähl- und Lyrikbände, Publikationen in Anthologien.
Ausstellungen im In- und Ausland.

**www.wolfgiselak.ch**

Bibliografische Information der Deutschen Nationalbibliothek: Die Deutsche Nationalbibliothek verzeichnet diese Publikation in der Deutschen Nationalbibliografie; detaillierte bibliografische Daten sind im Internet über: http://dnb.d-nb.de abrufbar.


www.rotkiefer-verlag.de
kontakt@rotkiefer-verlag.de

Autorin: Gisela K. Wolf
www.wolfgiselak.ch

Lektorat: Peter Rudolf

Satz- und Covergestaltung:
Stephanie Mattner



Druck und Distribution: BoD.de

ISBN: 978-3-949029-06-6